चूम आए हम गुलाब

ग़ज़ल संग्रह

पंकज कुमार मिश्र 'वात्स्यायन'

अंजुमन प्रकाशन

Title : Chum Aaye Hum Gulab
Author : Pankaj Kumar Mishr

Published By-
Anjuman Prakashan
942, Mutthiganj, Prayagraj, 211003
www.anjumanpublication.com
anjumanprakashan@gmail.com

Printed and bound in India.
Paperback, First published by Anjuman Prakashan in 2023
ISBN : 978-93-88556-86-6

Cover & Typeset by Anjuman Prakashan

Price in india: 225/-

समर्पण

यश: काय पितामह राम सुंदर मिश्र जी
एवं
यश: काय पिताश्री मातबर मिश्र जी को समर्पित

अपनी बात

एक काव्यकृति का प्रकटन तपस्या का फल होता है। प्रस्तुत ग़ज़ल संग्रह माँ शारदे देवी मैहर के आशीर्वाद से संभव हो सका है। इस ग़ज़ल संग्रह के पीछे जिन भी प्रेरकों का हाथ है उन सभी को धन्यवाद के साथ मैं आदरणीय बाऊजी समर कबीर एवं सम-आदरणीय अग्रज सौरभ पाण्डेय जी को सादर प्रणाम सहित उनके प्रति आभार प्रकट करता हूँ। इसके साथ ही मैं अपने परिजनों को भी आभार देता हूँ, जिनका मेरे साथ होना मेरा संबल है।

कोई भी रचना अपने पाठको के बिना बे-मोल होती है, यह पाठक ही हैं जो किसी भी काव्य-कृति को अनमोल बना देते हैं। मैं इस ग़ज़ल संग्रह "चूम आए हम गुलाब" का प्रत्येक शब्द आप पाठक-गण को सादर-सप्रेम भेंट कर रहा हूँ, इस आशा के साथ कि 'यह रचना आपके मानस-पटल पर अपना स्थान बनाएगी'।

पंकज कुमार मिश्र 'वात्स्यायन'

सम्मिलित हुई प्रस्तुतियों की संप्रेषणीयता मुखर है

पंकज कुमार मिश्र 'वात्स्यायन' के साथ मेरे आत्मीय संबंधों की राह मात्र ग़ज़लों की गलियों से हो कर ही नहीं गुजरती, हमारी समझ कई स्तरों पर बेलाग रही है। हमें पता था, पंकज की परख की संचेतना तथा उनकी निरीक्षण क्षमता उनकी रचनाओं का संबल है। किसी विषय को उसकी सतह मात्र से बूझने की अपेक्षा उक्त विषय के मूल तक पहुँचने की उत्सुकता तथा तदनुरूप हठ उनके प्रयासों का प्रतिफल बहुगुणित कर देते हैं। इनकी समझ, आवश्यक तार्किकता आपके रचना-कर्म की विशिष्टता है। यही कुछ विशेषताएँ पंकज कुमार मिश्र 'वात्स्यायन' को मेरे लिए पंकज बनाती हैं।

कई विधाओं में रचनाकर्म हेतु प्रयासरत होना आपके लेखन को समृद्ध करता तो है। किन्तु, ग़ज़ल के अरूज और इस विधा की अन्यान्य नियमावलियों को लेकर जैसी इनकी पकड़ है, वह आपके लेखन को एकनिष्ठ रखती है। इतना कि हालिया प्रकाशित 'श्रीमद्भगवद्गीता' के भावानुवाद 'निष्काम' की शैल्पिक भूमि बहरे रमल मुसमन महजूफ ही है। जिसे सहज ही माधव मालती छंद का पर्याय कहा जा सकता है। कहना न होगा, ग़ज़ल के विधान तथा रचनाओं की पंक्तियों में अरूज के अनुरूप विन्यास के प्रति आपका आग्रह अदम्य है। पंकज सदैव एक जागरुक, समर्पित अभ्यासी रचनाकर्मी की तरह सामने आये है। आपकी लगन के साथ-साथ आपका सतत अभ्यास ही है, जो जिन्दगी के प्रति आपके नजरिये को शाब्दिक होने में आपके लेखन को सहज रखता है

इस परिप्रेक्ष्य में देखें तो प्रस्तुत गजल-संग्रह 'चूम आए हम गुलाब' का प्रत्येक शेर अपने होने का सशक्तता के साथ भान करा रहा रहा है। यह देखना तथा जानना सुखद है, कि पारम्परिकता के नाम पर ग़ज़लों में आम हो चुके वही-वहीपन या अप्रासंगिक हो चुकी लिजलिजी दैहिक भावनाओं को सायास प्रभावी करने की कोशिश करना पंकज को नहीं भाता। अपने अर्जित अनुभवों तथा आत्मीय अनुभूतियों को शाब्दिक कर प्रस्तुत करते हुए भी पंकज का ग़ज़लकार अपने कहे को कभी उथला नहीं होने देता। न ही भावेच्छाओं को शाब्दिक करने के क्रम में स्वयं को बलात आरोपित करता दिखता है। वस्तुतः समाज यदि जिन्दा इकाई है तो आमजन भाव-भावनाओं और अनुभूतियों के अन्य पक्षों के प्रति निर्लिप्त कैसे रह

सकता है कि एक ग़ज़लकार के लिए उन भावनाओं की प्रासंगिकता ही न रह जाये? आवश्य ही कोई अनुभूति केवल उत्कटता के एकांगी स्वरूप मात्र को नहीं जीती।

पंकज की भाषा उर्दू के शब्दों के सार्थक प्रयोग करने की हामी है। संग्रह की प्रस्तुतियाँ अनायास ही भावुक अनुभूतियों को साझा करती हुई अपेक्षित वाचाल नहीं दिखतीं। बल्कि अपने निवेदन के सापेक्ष वे नम्र भाव में किन्तु पूरी स्पष्टता और दृढ़ता के साथ सामने आती हैं। ग़ज़लों का निहितार्थ ग़ज़लियत के स्वरूप को जीता हुआ है और भावबोध की परिणति आमजन के व्यक्तिगत सुख-दुख, समस्याओं और दिक्कतों के साथ-साथ देश-समाज की कई प्रासंगिक घटनाओं को भी प्रमुखता से शाब्दिक करता है। पंकज के प्रस्तुत गजल-संग्रह में सम्मिलित हुई प्रस्तुतियों की संप्रेषणीयता अत्यंत मुखर है।

इन प्रस्तुतियों के स्वर में वैचारिक क्लिष्टता नहीं, यथार्थ को साझा करने की सुगढ़ नम्रता है। इन ग़ज़लों का सहजपन ही इनकी शक्ति है। किसी ग़ज़ल को जानने और समझने के क्रम में यह देखना भी सही होता है कि अभिव्यक्ति-प्रेषण में स्पष्टता कितनी है? पंकज की ग़ज़लें संस्कारों, सुखों-दुखों, समस्याओं, आत्मीय एवं मनोवैज्ञानिक अनुभूतियों को साझा करती हुई सामने आती हैं। ग़ज़लकार का दायित्वबोध सचेत है। परिस्थितियाँ या सामाजिक विसंगतियाँ और तदनुरूप अनुभूतियों का आधार और विस्तार क्रमशः क्या और कितना है, इन प्रश्नों के सापेक्ष देखें तो पता चलता है कि प्रस्तुत संग्रह की ग़ज़ले भाव और भाषा के लिहाज से सहज हैं या नहीं। ग़ज़लें खरी हैं। प्रस्तुतियों का स्वर मुखर है। पाठक से संवाद बनाता हुआ।

संवेदनाएँ य़ा फिर विडंबनाएँ अभिव्यक्ति हेतु किसी विशेष वर्ग के विशिष्ट स्वरों की अपेक्षा नहीं करतीं, न किसी वाद का लबादा ओढ़ने को अभिशप्त हुआ करती हैं। जैसा कि कुछ विशिष्ट साहित्यिक परिसरों में और वहाँ से उपलब्ध हुई प्रस्तुतियों के माध्यम से एक तथाकथित पढ़ा-लिखा वर्ग बार-बार ऐसा कुछ साबित करने को आमादा रहा करता है। इस संग्रह की ओट से देखा जाय तो पंकज का बिना लाग-लपेट अपनी भावनाओं को शाब्दिक करने के हामी दिखते हैं। ग़ज़लों को उत्कण्ठा के साथ सुनाने वाले लोग भी एक विशेष मनस के लोग होते हैं। उनके पास सिर्फ कहन नहीं होती। उनके कहन का तरीका भी होता है। पंकज सहज तो हैं ही, भावाभिव्यक्ति को लेकर अत्यंत सशक्त भी हैं।

राजनीतिकबोध साहित्यिक समझ का एक और आयाम है। अपेक्षा यही रहती

है कि वह ग़ज़लकार ही नहीं पाठक-समाज को भी जागरुक करती रहे। किन्तु यदि वैचारिकता एकपक्षीय हो कर मुख्य साध्य की तरह व्यवहृत होने लगे तो साहित्य के हेतु के साथ ऐसा कोई व्यवहार अन्याय करता है। कहने का तात्पर्य यह है, कि एक साहित्यकर्मी को उन मुखौटाधारियों से सचेत रहना चाहिए जो वैचारिकता को हथियार बनाये हुये साहित्य की मचान से लोगों की समझ को ही प्रभावित नहीं करते, बल्कि उनका शातिराना शिकार करते फिरते हैं। इस हिसाब से गाँव-समाज का व्यवहार सत्तापसारी न भी हो तो भी गाँव-खेड़े की राजनीति को बखूबी जीता है। राजनीतिक संचेतना एक बात है और राजनीतिबाजी निहायत दूसरी बात। इस लिहाज से संवेदनशील हो कर यथार्थ को समझना हर साहित्यकार का दायित्व है, जो यह समझा सके कि मत-मतान्तर एक बात है, तो मन के बीच हुआ अंतर निहायत दूसरी बात। पंकज को इस लहजे में सुनना आश्वस्त करता है, जो यथार्थ को साझा करते हुए भी अनावश्यक वाचाल नहीं होते। पंकज मानवीय भावनाओं के ग़ज़लकार हैं। इनकी ग़ज़लों में आमजन के अहसास न केवल शाब्दिक रूप में पिरोये गये हैं, बल्कि शेरों की तासीर मानवीय अनुभूतियों को नये आयाम के साथ अद्भुत होती है। यही विशिष्टता सान्द्र हो कर किसी रचनाकार के हुनर के रूप में प्रस्फुटित होती है। इस सचेत ग़ज़लकार को पूरा भान है कि किसी प्रतिकार हेतु अपनाये गये किसी दृढ़ आग्रह में और निरंकुश स्वच्छंदता तथा उतावलेपन में बहुत अंतर हुआ करता है। समादर समभाव के साथ अपने-गैर सभी को सहज स्वीकार करता हुआ पंकज का ग़ज़लकार भारतीय परम्परा की मूल प्रवृति और प्रकृति को पूरी शिद्दत के साथ जीता है। पंकज की यह जिजीवषा ही है जो इनकी पंक्तियों से निस्सृत होती है।

ग़ज़ल-संग्रह 'चूम आए हम गुलाब' के प्रकाशन के उपलक्ष्य में पंकज को मैं अशेष बधाइयाँ देते हुए उनके सफल साहित्यिक जीवन की कामना करता हूँ।

शुभ-शुभ

सौरभ पाण्डेय

एम-2/ ए-17, पीडीए कॉलोनी, नैनी, प्रयागराज (उप्र)

मो- 9919889911

अनुक्रम

1.

यूँ जगत की दृष्टि में तो एक रचनाकार हूँ
किन्तु मैं माँ शारदे का मोतबर उपहार हूँ

आप शीतल होंगे मुझ से या प्रवाहित वेग में
आप ज़िम्मेदार इस के मैं तो जल की धार हूँ

धारणा जैसी भी धर के सामने जो आएगा
बिम्ब वैसा ही दिखेगा मैं तो दर्पण यार हूँ

आप ही के भाव हैं सब आप ही के शब्द हैं
ध्यानपूर्वक देखिए मैं आपका छविकार हूँ

चापलूसी की ज़रूरत हो जिसे कह दो उसे
दूर वो मुझसे रहे उसके लिए बेकार हूँ

✿

2.

शोलों से बच कर रहना तुम जल जाओगे
ज्वाला से मत खेलो वरना पछताओगे

आग लगाते बस में गाड़ी में सड़कों पर
और तुम्हें लगता है इंसाँ कहलाओगे

उन्मादी चहरों को पहरेदारी दे कर
क्या लगता है घर की रक्षा कर पाओगे

पहले अपने अन्दर झाँको है ये दावा
ख़ुद को जब देखोगे निश्चित डर जाओगे

मन का दरवाज़ा रेटीना से खुलता है
खुल न सकेगा यदि नफ़रत ले कर आओगे

✿

3.

यदि सभी की रूह में पैदा न कर दूँ झनझनाहट
व्यर्थ है तब सर्व-चिन्तन और मेरी सब लिखावट

शौक़ प्रत्युत्तर का जिनको है बहुत वह लोग सुन लें
ध्यान रक्खें आइने से छिप न पाएगी बनावट

एक छोटा किन्तु उपयोगी परामर्श आप सब को
है प्रभावी बात कहनी तो हो भाषा में कसावट

यह चलन भी ख़ूब है पत्थर की पूजा के विरोधी
भी इबादत के लिए ढूँढ़ें हैं पत्थर की बनावट

मेरे प्रश्नों से किसी को कष्ट यदि महसूस हो तो
आत्म-चिंतन-रस-अमिय पी प्राप्त कर ले कुछ तरावट

✿

4.

लड़खड़ाती साँस डगमग आस व्याकुल मन सदा
हर मनुज इस दौर का कुछ इस तरह बस जी रहा

अनगिनत सपने सजा कर, चाहते निंदिया नयन
रात भर यूँ ही तड़पने की ग़ज़ब देखो प्रथा

पत्थर-ओ-फ़ौलाद की दीवारें मुझ को चुभ रहीं
आप यदि अपने महल में ख़ुश हैं फिर तो वाह वा

सृष्टि की हर एक रचना का अलग इक सत्य है
कैसे लिख दूँ एक है व्यवहार जल-ओ-आग का

लोभ वाली धुन्ध में सच देख पाना है कठिन
त्याग वाला आचरण उपचार है इस दोष का

✿

5.

हर मनस का अँधेरा हटाएँ
इस तरह दीप उत्सव मनाएँ

आदमीयत सभी मे जगाएँ
प्रीत का दीप चलकर जलाएँ

भूख से जो तड़पते सिसकते
पेट की आग उनकी बुझाएँ

नफ़रतों की हैं ज़द में अधर जो
मुस्कुराना उन्हें हम सिखाएँ

मन्त्र बाँचें न हम संग्रहण के
त्याग का पाठ सबको पढ़ाएँ

अब कि अन्तस् में घण्टी बजाकर
स्वार्थ वाला 'दरिद्दर' भगाएँ

ध्यानपूर्वक सुनो बात 'पंकज'-
'आसनी' शुद्ध चल कर बनाएँ

✿

6.

शहर अपना ये बँट गया देखो
सिम्बलों से लिपट रहा देखो

देश में फ़िक्र की सजी अर्थी
जाति वाला कफ़न चढ़ा देखो

अब सभी को है ध्यान बस अपना
संकुचित दायरा हुआ देखो

बस वहीं पर ही बन रहे रिश्ते
है जहाँ कोई फ़ायदा देखो

कर्म करने का नाम है जीवन
साफ़ गीता में है लिखा देखो

दर्द के या ख़ुशी के हों आँसू
शे'र 'पंकज' ने कह दिया देखो

✿

7.

तीव्र को कोमल कैसे लिख दूँ
काग को कोयल कैसे लिख दूँ

मन में व्याप्त रहे मत्सर
डाह को उज्ज्वल कैसे लिख दूँ

ख़ुद को शुध्द नहीं कर पाया
तुझ को कश्मल कैसे लिख दूँ

मन पर पाप का बादल छाया
ख़ुद को निर्मल कैसे लिख दूँ

चिन्तन पर है स्वार्थ अँधेरा
आत्म-उज्ज्वल है कैसे लिख दूँ

ख़ुद को ढूँढ़ न पाया अब तक
हूँ मैं निश्चल कैसे लिख दूँ

तृष्णा दौरे रग रग में तो
ख़ुद को निश्छल कैसे लिख दूँ

✿

8.

उसने पूछा क्या मिलता है क्या मक़सद क्यूँ कर लिक्खूँ मैं
मैंने पूछा रिश्ता तन का धड़कन से कैसे तोड़ूँ मैं

पढ़ता हूँ दुनिया की पुस्तक हर पन्ने पर रंग-विविध जो
सुख-दुख के उन ही रंगों को गीत-ग़ज़ल में बस ढालूँ मैं

साँसें लेने जीवित होने में इक झीना सा अंतर है
नव-परिभाषित होंगे मुर्दे गरचे ख़ामोशी ओढ़ूँ मैं

लिप्सा लालच मोह के कंटक युक्त लकीरों का राही बन
दुनिया भर की छद्म प्रथाएँ आप बताएँ क्यों ढोऊँ मैं

दर्द किसी का निज आँखों में भर लेना तो पाप नहीं, सो
कष्ट-गरल जग का मन-कण्ठ भरूँ यूँ शिव जी को पूजूँ मैं

✿

९.

चलूँ मैं स्कूल कैसे घर में दाना भी ज़रूरी है
पढ़ूँगा तो मगर ये घर बचाना भी ज़रूरी है

ग़रीबी श्राप है इस श्राप से है मुक्ति शिक्षा में
मगर मड़ई छवानी है कमाना भी ज़रूरी है

मुझे मालूम है कूड़े में मिलते रोग के कीड़े
मगर कचरे मुझे रोज़ी जुटाना भी ज़रूरी है

उसे भी छोड़िए, पिल्लू अभी भैंसें ले जाएगा
बहुत महँगा हुआ दर्रा चराना भी ज़रूरी है

नहीं होता हमारे गाँव की चट्टी पे 'पे टी एम्'
तो इन सिक्कों को मुर्री में छिपाना भी ज़रूरी है

✿

10.

युगों तक जगत में वही जी सका है
हृदय अपना जिसने भी सागर किया है

हक़ीक़त से नज़रें हटाने से मित्रों
कभी झूठ भी क्या कहीं सच हुआ है

कहाँ रात के मानकों से हो चिपके
उजाले का वाहक तो सूरज रहा है

गरल एकता के लिए पीना होगा
सिखाती सभी को परम शिव कथा है

सुनो आइनों इसको पढ़ लो सुकूँ से
कि 'पंकज' ने सब सामने रख दिया है

✿

11.

घुट के मुझ से मरा नहीं जाता
सच को पीकर जिया नहीं जाता

क्या करूँ रात है बहुत काली
जल रहा हूँ बुझा नहीं जाता

पीर दुनिया की छेड़ देती है
सोचने से बचा नहीं जाता

लेखनी ताक़ पर मैं रख देता
दिल बिना तो जिया नहीं जाता

दुश्मनी पालिए भले मुझ से
सच से कम कुछ कहा नहीं जाता

राह जिसने नयी नहीं खोजी
नाम उसका लिया नहीं जाता

✿

12.

इच्छाओं का भार नहीं धर
रिश्तों के नाज़ुक कन्धों पर

पोषित पुष्पित होंगे रिश्ते
हठ मनमानी त्याग दिया कर

ऊर्जा से परिपूर्ण रहेगा
ख़ुद में शक्ति सहन की तू भर

करनी का फल सन्तति भोगे
सो कुकर्म से ऐ मानव डर

देख निगाहें घुमा-फिरा के
कौन नहीं फल भोगे यहाँ पर

अब वैज्ञानिक भी कहते हैं
पाप-प्रलय-भय तू मन में भर

गा कर लिख कर यूँ ही 'पंकज'
हर मन से अवसाद सदा हर

✿

13.

क़िस्मत की लकीरों पर ख़ुश-रंग चढ़ा दूँगा
मैं दर्द के सागर में पंकज को खिला दूँगा

कुछ और नहीं केवल छोटा सा है दावा बस
दो वक़्त मुझे तुम को मैं तुम से मिला दूँगा

कुछ और भले जग को दे पाऊँ नहीं लेकिन
जीने का मगर यारो अंदाज़ सिखा दूँगा

कंक्रीट की बस्ती में मन घुटता है रोता है
वादा है मैं बाग़ों का इक शहर बसा दूँगा

आभास की बस्ती है अहसास पे जीती है
जन जन के मनस में मैं यह मंत्र जगा दूँगा

दुनिया का मेरे प्यारे हर रूप फ़क़त भ्रम है
सच क्या है कोई पूछे मैं श्याम बता दूँगा

✿

14.

ग़ज़ब करता है अय्यारी हमेशा ये ज़माना भी
हक़ीक़त जो है इस पल में है कल का वो फ़साना भी

न मानो तो सकल संसार है इक महज़ शै लेकिन
हर इक शै ज्ञान का ख़ुद में है अतुलित इक ख़ज़ाना भी

बहुत अलगाव का परचम उठाए फिर लिए यारो
समय कहता है आवश्यक हुआ सबको मिलाना भी

उन्होंने पूछा उससे किस लिए फ़िलवक़्त चुप है वो
समंदर हौले से बोला है इक तूफ़ाँ उठाना भी

बहाता नीर है तू क्यों जो पूछा मैंने बादल से
भिगो कर वो ज़मीं बोला बहारों को है लाना भी

मैं काग़ज़ इसलिए करता हूँ काले नींद खोता हूँ
जहाँ को याद रह जाएगा कुछ मेरा फ़साना भी

✿

15.

मीडिया भारत का या तो वायरस यक बन गया
दीमकों के साथ मिलकर या कि दीमक बन गया

मीडिया का काम था जनता की ख़ातिर वो लड़े
किन्तु वो सत्ता के उद्देश्यों का पोषक बन गया

दोस्तो टी वी समाचारों का चैनल त्यागिए
क्योंकि उनके वास्ते हर दर्द नाटक बन गया

क्या दिखाना है नहीं क्या क्या दिखाना चाहिए
कुछ न जाने मीडिया सो अब ये घातक बन गया

ज़हर भर कर शब्द में वो वार जिह्वा से करे
न्यूज़ एंकर आज कल नफ़रत-प्रसारक बन गया

✿

16.

नभ पाने की ख़्वाहिश हूँ
धरती की पैमाइश हूँ

चाँद न कर मेरी काविश
ब्लैक होल की नाज़िश हूँ

तोड़ न पाओगे इसको
मैं वो ज़िद की साज़िश हूँ

जल जाओगे छूना मत
मैं सूरज की ताबिश हूँ

आ मत मेरी राहों में
तूफ़ानों की जुम्बिश हूँ

✿

17.

आदमी को तो बस फ़ायदा चाहिए
स्वार्थ का जबकि कम दायरा चाहिए

हमसफ़र हमसफ़र का करे क़त्ल अब
वक़्त बेहद बुरा है भला चाहिए

हम चले हैं जलाने दिया प्रीत का
हमको दिल आपका बस खुला चाहिए

कैसे कोई सुनेगा नहीं आपकी
बात कहने का बस क़ायदा चाहिए

दौर आया है ऐसा सभी कह रहे
सत्विकी खाद्य औ स्वच्छता चाहिए

✿

18.

सो रहा है जहाँ जागता कौन है
ख़ुद से यूँ हो गया बा-वफ़ा कौन है

झूठ का आवरण आचरण पर चढ़ा
पाप क्या पुण्य क्या सोचता कौन है

आत्मा तन-कफ़न में है लिपटी हुआ
देखता झाँक कर आइना कौन है

ढूँढ़ते दोष दुनिया में सब हर घड़ी
मानता अपनी कमियाँ भला कौन है

हाल पूछें न पूछें वो माँ बाप का
फिर भी औलाद से रूठता कौन है

जाने कब काट कर विष भरे जिस्म में
व्याल मानव से घातक बता कौन है

मातृ भू को यहाँ छोड़िए भी मियाँ
माँ की मर्ज़ी भला पूछता कौन है

खेतियाँ नफ़रतों की हैं अनुदान पर
प्रीत की फ़स्ल याँ सींचता कौन है

बाँट कर यूँ हमें ऐश तुम कर रहे
माननीयों से यह पूछता कौन है

सत्य की बालियों को तो पिसना ही है
स्वार्थ की चाक में छूटता कौन है

सिर्फ़ धन का भजन हर ज़बाँ पर यहाँ
ज्ञान 'पंकज' बता चाहता कौन है

✿

19.

एक पर्दा क्या गिरा
शहर ही नंगा दिखा

शुक्रिया ऐ शब तेरा
सत्य से मिलवा दिया

पत्थरों के शहर में
आदमी ढूँढ़ो ज़रा

सच बयानी में कोई
ज़हर से मारा गया

धुंध नफ़रत की घनी
रास्ता ही खो गया

✿

20.

खेल तमाशा दुनिया जानूँ
पर अपनी शर्तों पर खेलूँ

दुनिया को मालूम रहे यह
मैं शब्दों का बाज़ीगर हूँ

किंचित भी संकोच न करता
निज अरि पर तेज प्रहार करूँ

जग की ख़ातिर स्नेह हृदय में
धर अधरों पर मुस्कान फिरूँ

मुख मण्डल की रेखाओं से
मैं मन पुस्तक के पाठ पढ़ूँ

✿

21.

हर पल हमें अन्याय का प्रतिरोध करना चाहिए
हर हाल में अत्याय का प्रतिरोध करना चाहिए

राजस्व से सरकार करती लोकहित के काम पर
अनुचित हर इक प्रत्याय का प्रतिरोध करना चाहिए

यह ठीक है क़ानून शोषित जन के कल्याणार्थ है
पर भेदमय अध्याय का प्रतिरोध करना चाहिए

हम लोभ वश मूँदे हुए हैं आँख लेकिन साथियों
अपराध के पर्याय का प्रतिरोध करना चाहिए

✿

22.

घोर कलयुग का ऐसा असर हो गया
वस्त्र धर के भी नंगा नगर हो गया

आवरण धारणा का है यूँ सोच पर
आदमी का मनस भ्रम का घर हो गया

स्वाप-विष का हुआ है असर इस क़दर
सच के प्रति हर मनुज बे-नज़र हो गया

फ़ैसला उल्लुओं की अदालत का है
दोष देखो तो सूरज के सर हो गया

जागती ही नहीं आत्मा क्या करें
मैं से ख़ुद का ही मुश्किल समर हो गया

✿

23.

मान मर्यादा का मर्दन हो रहा
बेटियों का तीव्र क्रन्दन हो रहा

और कितना तुम गिरोगे कर्म से
कोयले सा मन का चन्दन हो रहा

आ गया अब वक़्त कैसा देखिए
हमसफ़र गर्दन का कर्तन कर रहा

खेत में नफ़रत उगाई जा रही
राक्षसी यह देव उपवन हो रहा

आचरण परिमार्जन कैसे करूँ
गुरुकुलों में धन प्रबन्धन हो रहा

✿

24.

झाँक कर देखा दिलों में सो रहे हैं सब
एक जर्जर आत्मा ही ढ़ो रहे हैं सब

कोठियों में लोग ख़ुश हैं भ्रम मुझे भी था
धन जुटाने को वहाँ बस रो रहे हैं सब

शीर्ष पर जो लोग लगता पा गए सब कुछ
जा के जो देखा तो ख़ुद को खो रहे हैं सब

लग रहा था लोग मंज़िल के सफ़र पर हैं
हूँ चकित की दूर ख़ुद से हो रहे हैं सब

गाड़ी बँगले सुख के साधन था ग़लत ये मत
कह गया इक वायरस दुख बो रहे हैं सब

✿

25.

हमें आदमीयत सिखातीं किताबें
हक़ीक़त से परिचय करातीं किताबें

सफ़र ज़िन्दगी का तो कट जाएगा पर
सलीक़े से रहना बतातीं किताबें

कहा है ये किसने कुआँ रोज खोदो
कि जब साफ़ पानी पिलातीं किताबें

बहुत कालिमा है जगत पथ में सुनिये
दिया बन अँधेरा मिटातीं किताबें

यहाँ प्रीत मीरा की निःस्वार्थ भी है
कबीरा का निर्गुण हैं गातीं किताबें

न खोये न जिसको कोई छीन पाये
उसी ज्ञान धन से जिलातीं किताबें

ये नानक की वाणी मुहम्मद का कलमा
हैं गीता का प्रवचन सुनातीं किताबें

इन्हीं पुस्तको में हैं अधिकार सारे
सभी जन को हक़ भी दिलातीं किताबें

मगर बात बेहद ज़रूरी बता दूँ
न हो कर्म यदि तो रुलातीं किताबें

✿

26.

स्वार्थ ने राष्ट्र की है सजाई चिता
जाति की अग्नि से चिट चिटाई चिता

भारती माँ तड़प कर कराहे सुनो
पूछती जीते जी क्यूँ सजाई चिता

प्रीत के व्योम पर द्वेष धूम्राक्ष है
लोभियों ने वतन की जलाई चिता

राजगद्दी के लोभी हैं शामिल सभी
पूछिए मत कि किसने लगाई चिता

आग है जो लगी आप जल जाएँगे
बढ़ के आगे न यदि जो बुझाई चिता

✿

27.

स्वप्न का जो नाभिकी यह संलयन प्रारम्भ है
क्या किसी तारे का फिर से अब सृजन प्रारम्भ है

इस जगत को श्रेष्ठतम रचना समर्पित कर सकूँ
प्रति निशा मसि शब्द निद्रा का हवन प्रारम्भ है

मन-जगत घर्षण से अंतस में अनल जो है प्रकट
भावनाओं का उसी से आचमन प्रारम्भ है

लेखनी ने ख़ुद से ही संकल्प इक धारण किया
एकता के भाव का सो संवहन प्रारम्भ है

बुद्धि पर जिनके चढ़ा चश्मा किसी भी पक्ष का
ताप तो सहना पड़ेगा ऊष्णन प्रारम्भ है

✿

28.

हाल-ए-जिगर बताना किंचित नहीं ज़रूरी
ऐ मन किसी को तेरी सुननी नहीं कहानी

मतलब-परस्त युग में क्यों ढूँढ़ते वफ़ा हो
पागल हो तुमसे मुझको बातें नहीं हैं करनी

तुमको नहीं पता क्या मेरा ही नाम सागर
सावन से पूछना वो मुझसे ही पाता पानी

पत्थर के मंदिरों में पत्थर ही देव होगा
यूँ नर्म मत बनो तुम रूई तो बस जलेगी

तुम चाहते हो खिलना 'पंकज' है अब असम्भव
आँखों की झील में अब पानी कहाँ है बाक़ी

✿

29.

आइये हम चलें रागिनी की तरफ़
पुस्तकों में छिपी रौशनी की तरफ़

बुद्धि रथ पर चढ़ें पाठशाला चलें
चल चलें ज्ञान की बन्दगी की तरफ़

ख़ुद में कौशल जगाएँ बनें योग्य हम
ध्यान दें अपनी अब क्वालिटी की तरफ़

एक विनती मगर आप से है मेरी
लक्ष्य अपना रहे सादगी की तरफ़

जानवर आजकल अपने प्रतिमान हैं
आप लेकिन रहें आदमी की तरफ़

जो हुईं ग़लतियाँ हैं विगत में कई
ध्यान बरबस गया है उन्हीं की तरफ़

कष्ट है की प्रगति पथ पे चलते हुए
हमने देखा नहीं ज़िन्दगी की तरफ़

✿

30.

हर पन्थ से स्वयं को अब आज़ाद कीजिए
इंसानियत के नाम का अनुनाद कीजिए

हर दिल में हों मुहब्बतें नफ़रत न हो कहीं
करनी है कुछ तो ऐसी ही फ़रियाद कीजिए

हर-सू बहार-ए-इश्क़ हो बस फूल प्रीत के
हिंदोस्ताँ का बाग़ यूँ आबाद कीजिए

सुख-शांति का ख़याल जो मन में हो आपके
माता पिता से बैठ के संवाद कीजिए

हिचकी उसे भी आए रहे ज़िंदा उसका दिल
'पंकज' को भूले से ही कभी याद कीजिए

✿

31.

सूखे गट्टे देख तरसते दुखिया के बच्चों का क्या
स्वप्न सरीखे भोजन देख के ललचाते बच्चों का क्या

एक प्रहर भूखा रह जाऊँ सारा तंत्र विकल होता
दिनों दिनों जो भूखे रहते उन छोटे बच्चों का क्या

न्यौता गाड़ी वालों को तो जबरन बाँटा जाता है
जो बेघर हैं जो निर्धन हैं उन भोले बच्चों का क्या

तेज सलामी सूट पहिनने वालों को दी जाती है
जो ठण्डी में सिकुड़ रहे हैं उन नंगे बच्चों का क्या

✿

32.

अपने मन को मैं मोड़ना चाहूँ
पाप की राह छोड़ना चाहूँ

जिस नगर की बहुत बड़ाई है
दिल से ख़ाली है छोड़ना चाहूँ

कंकरीटों में मन नहीं लगता
वन से रिश्ता मैं जोड़ना चाहूँ

हर इमारत है जेल के जैसी
सारे बन्धन मैं तोड़ना चाहूँ

ख़ुद से नाराज़ हूँ बहुत मैं तो
ख़ुद ही ख़ुद को झिंझोड़ना चाहूँ

कितने वर्षों से पल रहा भीतर
विष का घट आज फोड़ना चाहूँ

✿

33.

मैं समस्याएँ गिनाने के लिए आया नहीं
धर्म नैतिकता सिखाने के लिए आया नहीं

सो रहे हैं बेच कर जो आत्मा उनसे कहो
मत डरें उनको जगाने के लिए आया नहीं

क्या पड़ी मुझको भला जो आचरण की सीख दूँ
पाप-फल के प्रति जगाने के लिए आया नहीं

कर्म करिए फल की चिंता आप मुझ पर छोड़िए
पाठ गीता का सुनाने के लिए आया नहीं

✿

34.

जाने क्या बात है आज कल दर्द अपना छिपाने लगा
हाल उसका पता कीजिए वो बहुत मुस्कुराने लगा

हम उसे बस यूँ ही चारा गर झूठे ही तो नहीं लिख दिए
एक बेजान से जिस्म में भी वो धड़कन चलाने लगा

उसको पागल नहीं जो कहें तो भला और क्या नाम दें
एक निर्जन नगर में कोई स्वप्न के घर बसाने लगा

शुक्रिया आपका शुक्रिया है ये तोहफ़ा बहुत क़ीमती
देखिए तो विरह का असर शे'र मैं गुनगुनाने लगा

उम्र भर की ख़लिश के सिवा कुछ भी नफ़रत से मिलना नहीं
मन से कूड़ा हटा दीजिए सबको 'पंकज' सिखाने लगा

✿

35.

रस्म-ए-उल्फ़त निभा रहा हूँ मैं
उम्र तन्हा बिता रहा हूँ मैं

उसको सदियों की उम्र मिल जाये
गीत उसको बना रहा हूँ मैं

नूर उसका बना रहे यूँ ही
ख़ुद को पल पल जला रहा हूँ मैं

लग न जाए नज़र उसे लोगो
जल के काजल बना रहा हूँ मैं

कोई गाये तो गीत ज़िंदा हों
धड़कनों से सजा रहा हूँ मैं

✿

36.

निगाहें भला क्यूँ मिलाते नहीं हो
मनस पृष्ठ मुझको पढ़ाते नहीं हो

छिपाते हो क्यों राज़ अपने जिया के
मुझे किसलिए तुम बताते नहीं हो

हैं चहरे पे कितनी उदासी की पर्तें
भला नूर क्यों तुम दिखाते नहीं हो

मुझे तुमसे कोई शिकायत नहीं है
मुझे देख क्यों मुस्कुराते नहीं हो

है 'पंकज' का नाता अगर नीर ही से
तो नैनों में काहे खिलाते नहीं हो

✿

37.

ख़ुद को भुला रहा हूँ मैं धीरे-धीरे-धीरे
तुझमें समा रहा हूँ मैं धीरे-धीरे-धीरे

आईना जब भी देखूँ आते हो बस नज़र तुम
ख़ुद को गँवा रहा हूँ मैं धीरे-धीरे-धीरे

साँसों की हर लहर में ख़ुश्बू से बस गए हो
ख़ुद को मिला रहा हूँ मैं धीरे-धीरे-धीरे

यादों का है ये जमघट महफ़िल है दर्द की ये
ख़ुद गुनगुना रहा हूँ मैं धीरे-धीरे-धीरे

रौशन है अंजुमन में दिल का चराग़ मेरा
ख़ुद को जला रहा हूँ मैं धीरे-धीरे-धीरे

✿

38.

दुख सर पे चढ़ गया है पीड़ा पिघल रही है
हालात की तपिश से नदिया निकल रही है

मरघट सा हो गया है हर रास्ता नगर का
इंसानियत चिता पर हर ओर जल रही है

ज़िंदा अभी तलक हैं रावण दहेज वाले
अब भी दहेज वाली क्यों सोच पल रही है

विद्रोह कर रही है अब सोच भी ये मेरी
क्यों मौन हूँ अभी तक ये बात खल रही है

यारो क़लम के बदले हथियार उठ गया तो
'पंकज' से फिर न कहना आदत बदल रही है

✿

39.

आप मन क्यों मेरा यूँ हरे जा रहे
काहे दीवाना मुझको किए जा रहे

आपकी ये ज़बरदस्तियाँ हैं ग़लत
काहे धड़कन पे क़ब्ज़ा किये जा रहे

मन तो मेरा है भँवरा मगर तुम कहो
ख़ुश्बू-ए-रूह तुम क्यों लिए जा रहे

एक मैं ही यहाँ जिस्म में था मगर
रूह में तुम मेरी क्यों घुले जा रहे

बोलिए किसलिए हैं ये ज़ुल्म-ओ-सितम
काहे 'पंकज' पे पहरा दिए जा रहे

✿

40.

तुमको कमान भौंहें तीर-ए-नज़र थमा कर
किसका शिकार करने भेजा गया धरा पर

कोमल कली सी काया ये लब तेरे गुलाबी
मानो रचा गया है, प्रतिमान एक सुंदर

हिरनी सी चाल तेरी कस्तूरी तन ये महके
पागल बना रही है जादू है मेरे ऊपर

हर शब्द लग रहा है फीका तुम्हारे आगे
बस इतना लिख रहा हूँ तुम मन की एक अभिहर

मन मन्त्र जप रहा है तेरा फ़क़त हसीना
इक आरज़ू है मन में तेरे बसाऊँ मैं घर

✿

41.

फ़ासले घटते नहीं सो दिल की बेताबी यथावत
जागना शब भर यथावत और बेचैनी यथावत

तुम न समझो पर मुझे केवल तुम्हारा ध्यान हर पल
प्रीत पथ पर दण्डवत सज्दे में पाओगी यथावत

तुम मुझे भूलो ये सम्भव पर असंभव भूल जाऊँ
आशिक़ी ये दिल निभाएगा सदा अपनी यथावत

जा तुझे हक़ दे दिया ऐ जाँ निभा तू बेवफ़ाई
मैं निभाऊँगा मुहब्बत से वफ़ादारी यथावत

शौक़ है तारीफ़ पाने का तो झुकना सीख लो तुम
अन्यथा रक्खी ही रह जानी कला सारी यथावत

सीत गर्मी बारिशें सब कुछ सहे हँस कर ये 'पंकज'
बेहिचक तू कर ऐ मौसम अपनी सय्यादी यथावत

✿

42.

यूँ हम आरज़ू-ए-शहादत करेंगे
ये धरती है माता हिफ़ाज़त करेंगे।

सुन ऐ भारती माँ तेरे लाल हैं हम
हमेशा ही तुझसे मुहब्बत करेंगे

हमें ख़ैरियत आपकी चाहिए बस
यही थी यही अब भी चाहत करेंगे

रहेंगे उन्हें ख़ाक में हम मिला कर
तुम्हें बाँटने की जो जुरअत करेंगे

ये तन मन ये साँसें उसी का है सब कुछ
वतन से हमेशा मुहब्बत करेंगे

✿

43.

तुम्हें जान हमने ये हक़ दे दिया है
चले आना बेवक़्त भी घर खुला है

तुम्हें देख चहरे पे आयी है रौनक़
न समझो यही हाल पहले रहा है

धुआँ रौशनी ये अचानक नहीं सब
किसी घाट पर कोई आशिक़ जला है

क़लम काले आँसू न यूँ ही बहाये
वियोगी कोई आज फिर लिख रहा है

उन्होंने तो इसको दिया ग़म का सागर
अलग बात उसमें भी 'पंकज' खिला है

✿

44.

तेरी बातों का मीठापन बता लिक्खूँ भला कैसे
तेरे प्रश्नों का भोलापन बता लिक्खूँ भला कैसे

तेरा वो खिलखिलाना और इतराना वो इठलाना
तेरी आँखों का अपनापन बता लिक्खूँ भला कैसे

किसी हिरनी सी चलती और मचलती तू नज़र आती
अदाओं का वो तीखापन बता लिक्खूँ भला कैसे

घटाओं सी तेरी ज़ुल्फ़ें जो लहराती हैं यूँ खुल कर
बढ़े बरबस दिवानापन बता लिक्खूँ भला कैसे

✿

45.

वो दिन बेहतर थे जो गुज़रे मिरे आवारगी में ही
शराफ़त रास दुनिया को कहाँ आती है कहिए भी

जला डाले सभी सपने ये दुनिया तो सितमगर है
कहाँ पहले कभी बिखरी सियाही रात की इतनी

न अब मासूमियत बाक़ी न अब बेफ़िक्री का मौसम
सहर आते थमा देती पिटारी ज़िम्मेदारी की

न जाने ढूँढ़ता है क्या किधर को जा रहा है मन
भला क्यों रास आती ही नहीं दुनिया की ये क्यारी

ग़ज़ब इंसानियत बदली फ़िदा है बस दिखावे पर
नज़र हर आँकती क़ीमत हुआ हर शख़्स व्यापारी

✿

46.

कभी नज़रों के सागर में डुबा कर मन ज़रा देखो
किसी मानस नगर में तुम बसा कर मन ज़रा देखो

ये दुनिया ख़ूबसूरत है यहाँ दिलकश नज़ारे हैं
मुहब्बत में कभी अपना गँवा कर मन ज़रा देखो

सुना विश्वास से पत्थर अहिल्या रूप पाते हैं
किसी की चाह में तुम भी फ़ना कर मन ज़रा देखो

मुहब्बत दिल की धड़कन को जवाँ करती है ख़ुश्बू से
किसी सुन्दर सुमन को तुम बना कर मन ज़रा देखो

ज़ियादा पाने से याँ बाँटने में चैन मिलता है
किसी को तुम भी ऐ 'पंकज' पढ़ा कर मन ज़रा देखो

✿

47.

न्याय का दरबार भी मानो तमाशा बन गया
नोट फेंको, फ़ैसला लो ऐसा खेला बन गया

आवरण भ्रम का मनुज मन पर चढ़ा यूँ कलयुगी
धन के वश में भाई-भाई से पराया बन गया

इक उदासी मरघटी छाई थी मन के व्योम पर
आप आए और मौसम शाइराना बन गया

देख कर उनको मेरे दिल में उठा संगीत जो
'उन के कानों तक न पहुँचा और फ़साना बन गया'

जप रहा था मन्त्र मन चुपचाप उनके नाम का
'उन के कानों तक न पहुँचा और फ़साना बन गया'

कर्म पथ से हो विरत गोकुल न जा पाए किशन
पर नयन से दर्द बरसा सिंधु खारा बन गया

वो ही चिंतन में वही अवधान में हर मन्त्र में
ग़ैर वो समझें भले 'पंकज' तो उनका बन गया

✿

48.

आपकी ये मदभरी नज़रें क़यामत ढा रहीं
देखिए तो साँसें कितनी तेज़ होती जा रहीं

आइये इनको ज़रा सीने से लगकर देखिए
धड़कनें तूफ़ान सी सीने में होती जा रहीं

ये नगर ये दिल की बस्ती ठीक थी सूखी सही
बिजलियाँ तेरी अदाओं की तबाही ला रहीं

सो रहे अरमान सारे जाग उट्ठे चौंककर
रूप की ये आँधियाँ क्यों इन्द्रियों को भा रहीं

द्वार मन का बन्द था पर खिड़कियों से झाँक कर
चाँद की किरणें भला क्यों मेरे घर पर छा रहीं

✿

49.

इच्छाओं का जाल बिछा ख़ुद उसमें उलझा रहता है
धड़कन से सुर-ताल जुदा दिल उखड़ा-उखड़ा रहता है

जाने कैसी नाराज़ी है जाने कैसी इसकी ज़िद
मेरा ये दिल मुझसे ही अब रूठा-रूठा रहता है

आवारा मन ख़ुद ही माया के पिंजर में बैठ गया
और ग़ज़ब उस पर इसका ये जग पर गुस्सा रहता है

भौतिकता की कीच लपेटे लालच की दुर्गन्ध लिए
प्राण भला क्या ऐसे तन में सच में ज़िन्दा रहता है

इसको केवल पढ़िए मत कुछ चिंतन भी इस पर करिए
मानवता की उन्नति ख़ातिर 'पंकज' लिखता रहता है

✿

50.

मैं एक पल के लिए उस को भूलता ही नहीं
है और बात ये उससे कभी कहा ही नहीं

गुलाबी पन्ने पे लिक्खा था मैंने ख़त लेकिन
ख़फ़ा वो मुझ से न हो इसलिए दिया ही नहीं

उसी के नाम की चर्चा उसी की बातें करूँ
मगर ये मेरा भजन उस ने तो सुना ही नहीं

हर एक बार ये सोचूँ, कहूँगा चाहूँ तुम्हें
हो कैसी इस से ज़ियादा कभी कहा ही नहीं

समझ रहे हो उसे तुम जफ़ा परस्त मगर
वो शख़्स यानी कि 'पंकज' से तो मिला ही नहीं

✿

51.

कैसे उसको मैं ला-जवाब करूँ
उसकी रंगत मैं क्यों ख़राब करूँ

छोड़ो भी दाग़ चाँद पर है अगर
काहे उसको मैं बे-नक़ाब करूँ

बे-वफ़ा नाम क्यों मैं दूँ उसको
प्यार जिससे कि बे-हिसाब करूँ

उसको ख़्वाबों से प्यार है बेहद
सोचूँ अब ख़ुद को ही मैं ख़्वाब करूँ

खो दिया है जिसे कहीं 'मैं' में
'मैं' गँवाऊँ तो बाज़याब करूँ

इनमें खिल जाना शौक़ से 'पंकज'
ठहरो आँखों को मैं पुरआब करूँ

✿

52.

ज़िद थी उनको चूमने की चूम आये हम गुलाब
पाक वो भी रह गये और हो न पाये हम ख़राब

थी ये ख़्वाहिश रात भर आग़ोश में उनके रहें
चाँदनी बिखरी रही शब भर रहा छत पर शबाब

कौन कहता जिस्म का मिलना ही पाना है मियाँ
कौन मीरा का किशन था पा लिया मैंने जवाब

धड़कनों में उसकी सरगम उसकी ख़ुशबू साँस में
देखिए चहरे पे मेरे कैसा उसका है शबाब

प्यास थी इक जो महल में ख़त्म होती ही न थी
घूमने निकले जो बाहर तो मिटी जाकर जनाब

✿

53.

सवाल कर जवाब ले के मेरा इम्तिहान ले
मगर तू ख़ामुशी पहन के यूँ न मेरी जान ले

उदासियाँ मिटा ज़रा तू यार खुल के खिलखिला
जगा दे मेरी धड़कनें तू बात मेरी मान ले

गुलाब तेरी पंखुडी खिली रहे गुलाब सी
क़रीब आ लबों से इन पे प्रीत-रस का दान ले

गले को मेरे बाज़ुओं का हार दे ख़ुशी मना
तेरा हुआ हूँ शौक़ से तू जीत का गुमान ले

✿

54.

सच मैं कहने से क्यों डरूँ आख़िर
झूठ का ज़हर क्यों पियूँ आख़िर

भोर आती नहीं है रात कठिन
तुमको आवाज़ क्यों न दूँ आख़िर

पीर ज्वाला हुई चली जाती
दर्द दरिया न क्यों करूँ आख़िर

आइना झूठ पढ़ के चुप है तो
किसके दम पर मैं अब रहूँ आख़िर

बेच देते हैं जो भी अपना मत
उनको इंसान क्यों कहूँ आख़िर

✿

55.

मैं बैठा हुआ कुछ मनन कर रहा हूँ
यूँ चिंतन अनल में हवन कर रहा हूँ

ये पीड़ा जगत की है मन को लपेटे
मैं दृग नीर से आचमन कर रहा हूँ

है संसार से तम मिटाने की चाहत
मैं दुख बाँटने का जतन कर रहा हूँ

इन अधरों पे मुस्कान आयी अचानक
ज्यूँ प्रियतम से मानो मिलन कर रहा हूँ

यूँ लिखता चला जा रहा भावनाएँ
ये कहते हैं सब मैं सृजन कर रहा हूँ

हर इक शब्द महके मेरी लेखनी का
मनुजता मनुजता भजन कर रहा हूँ

✿

56.

मैं भीतर से सबको जगा कर रहूँगा
मैं घर सबके सुंदर बना कर रहूँगा

भले एक छोटा सा दीपक हूँ लेकिन
सहस्रों दिए मैं जला कर रहूँगा

मुझे भेदकारी नियम तोड़ना है
मैं दीवारें सारी गिरा कर रहूँगा

यहाँ से चली रश्मि छोटी है लेकिन
मनस पुष्प सबका खिला कर रहूँगा

न मंदिर न मस्ज़िद न गिरिजाघरों में
विधाता तुम्हीं में दिखा कर रहूँगा

✿

57.

मौन तजिए मात्र निज-हित के लिए ऐ मित्रवर
लोक के कल्याण को करिए नहीं निज-नैन तर

यूँ भी सदियों से लुटेरे आबरू लूटा किए
रोकने की क्या ज़रूरत लूटते हैं अब अगर

चाय अपनी दाल रोटी चल रही दासत्व से
तो भला ज़िद ठान बैठे आप क्यों सम्मान पर

साख़ पर उल्लू हैं लाखों क्या हुआ, जाने भी दें
छोड़ चिंता बाग की, धन पर रखें अपनी नज़र

क्या भला तुमको पड़ी क्यूँ नींद अपनी खो रहा
यार पंकज, चुन सुकूँ, रख बन्द आँखें, मौन धर

✿

58.

करे आँखों से गुस्ताख़ी तुझे बरजोर ही लिक्खूँ
न कुछ लिक्खूँ तेरी नज़रों को बस चितचोर ही लिक्खूँ

तेरी मुस्कान में मन का भ्रमर अक्सर उलझता है
तो ये तय आज कर डाला उसे इक डोर ही लिक्खूँ

अँधेरा ख़्वाब पर छाया था आयीं तुम किरण ले कर
सो शीतल सी सुहानी सी तुम्हें इक भोर ही लिक्खूँ

घनी ज़ुल्फ़ों तले चाहत के पर फैला के जब ये मन
करे नर्तन तो लगता है कि इसको मोर ही लिक्खूँ

ज़मीं अम्बर पे सागर घाटियों पर्वत की छाती पर
तुम्हारे हुस्न से सँवरी ग़ज़ल हर ओर ही लिक्खूँ

✿

59.

प्रकाशित आत्म कर पाया कहाँ कोई पुरुष-गर्वर
उगा वो मात्र उसमें ही जो होता है असंज्वर नर

मनस जिसका सतत बस मोह मद की ओर है उन्मुख
पता उसको चलेगा क्या हैं कैसे मेरे परमेश्वर

कथाएँ आदि से अब तक बतातीं चीख़ कर पढ़िए
परात्पर में कहाँ विश्वास करता है कोई कर्वर

कोई अनुभूति शब्दों से बताई जा नहीं सकती
उसी की भाँति वर्णन से परे है रूप वह अक्षर

उन्हें यदि जानना हो देखना हो तो सुनो 'पंकज'
बनो निष्काम संपादित करो तुम ज्ञान-मय अध्वर

✿

60.

जब कभी दर्द हद से गुज़रने लगा
शायरी का हुनर तब निखरने लगा

रंग गिरगिट के जैसा बदलता है तू
इसलिए हर नज़र से उतरने लगा

ज़ख़्म जब भी लगा दिल से दरिया कोई
हर्फ़ बन काग़ज़ों पर बिखरने लगा

तन के भीतर जो उस आइने में उतर
कौन ऐसा है जो अब सँवरने लगा

स्वार्थ की लू का ऐसा हुआ है असर
एक सन्नाटा दिल में पसरने लगा

✿

61.

थी ये ख़्वाहिश कि साथ शाम करें
ख़ैर अब आओ राम राम करें

मुस्कुराते हुए विदा लें हम
प्यार का कुछ तो एहतराम करें

जब ठना हो समर अँधेरे से
हम भला किस तरह क़याम करें

हर घड़ी नफ़रती गरल उगले
ऐसे मज़हब को चल हराम करें

मज़हब-ओ-पंथ को लड़े चल हम
एकता का अब इंतज़ाम करें

एक संदेश सबको देता हूँ
गुरु जनों को सदा प्रणाम करें

✿

62.

बाइस-ए-इज़्तिरार भी तुम हो
मेरे दिल का क़रार भी तुम हो

मेरे होश-ओ-हवास तुमसे ही
मुझ पे छाया ख़ुमार भी तुम हो

चल रहा हूँ मैं जिस सहारे पर
ख़ुद पे वो ऐतिबार भी तुम हो

प्रश्न भी तुम ही तुम ही हो उत्तर
और दिल की पुकार भी तुम हो

तुमसे विस्तार मेरी दुनिया का
ज़िन्दगी का हिसार भी तुम हो

✿

63.

बहुत बेचैन हूँ इस पल मुझे छेड़ो नहीं दिलबर
उठा भूकम्प है मन में चढ़ा है ताप भी सर पर

ग़मों के ताप से पिघली हिमानी बाँध तोड़े है
बहाना चाहती सपने नयन से अश्रु-जल बन कर

चली है स्वार्थ की आरी नहीं बाक़ी शजर कोई
हुआ पूरा नगर नंगा, ये दिल तो हो गया बंजर

अभीप्साओं का बुलडोज़र चलाया है किसी ने तो
हुए हैं चूर सब सपने चुभें हर एक धड़कन पर

कहाँ 'पंकज' खिलाऊँ मैं न पनघट है न पानी है
मुहब्बत का जो दरिया था हुआ नफ़रत का वो सागर

✿

64.

करे नज़र से सितम जो नक़ाब पहने हुए
ये कौन आया लबों पर गुलाब पहने हुए

यक़ीन किस पे करें कैसे ऐतबार करें
यहाँ हर एक नफ़र है सराब पहने हुए

सभी के पास हैं ग़म सबके दिल में दर्द भरा
ज़बाँ हैं प्रश्न कई लाजवाब पहने हुए

समय नुमाइशी है कौन उनको टोकेगा
हसीनों निकलो न कपड़े ख़राब पहने हुए

तमाम रोगों से बचना है तो नहीं जाना
रसोई में कभी चप्पल जनाब पहने हुए

दिवाली वाली निशा साँवरी है फिर से सजी
सितारे ओढ़े हुए माहताब पहने हुए

✿

65.

मेरी साँसों की रवानी आज कल बेहाल है
और ये धड़कन भी दिल की बेसुरी बे-ताल है

चोट गहरी है बहुत औ ज़ख़्म दिल के रिस रहे
तोड़कर तटबन्ध आँखों का चला सय्याल है

मतलबी दुनिया में हाल और चाल मतलब के विषय
सो किसी से क्या बताना क्या मेरा अहवाल है

वक़्त के माथे पे हस्ताक्षर बनाना है ज़रूर
ऐ ज़माने सुन ले शाइर का ये इस्तिक़्लाल है

दर्द की जो झील तूने है बनाई ज़िन्दगी
उसमें `पंकज' खिल गया ये भी तेरा इक़बाल है

✿

66.

ज़ख़्म के साथ हमें ज़ीस्त दवा देती है
इस तरह जीने का अंदाज़ सिखा देती है

ग़म के सागर पे रचे सेतु जो उसको दुनिया
दिल में रख लेती है श्री राम बना देती है

मन में यदि श्रद्धा भरी हो तो घने जंगल में
अपने आराध्य से शबरी को मिला देती है

भक्ति का अर्थ भला कोई असुर क्या जाने
भक्ति हनुमान को रामेष्ट बना देती है

ग़ौर करिएगा जो ये वत्स बताता उस पर
शब्द की साधना प्रज्ञा को जगा देती है

छोड़ कर दूर गए दूर बहुत जो अपने
उनकी याद आती है 'पंकज' को रुला देती है

✿

67.

क़ातिलों की टीम अपने काम पर फ़िलहाल है
आप अपने को बचाएँ यह चुनावी साल है

अध्ययन करना अगर है राजनैतिक नीति का
श्रीनगर या जाके खीरी देख लें क्या हाल है

मुख़्तसर सी ज़िन्दगी में मुख़्तसर ख़ुशियाँ नसीब
फिर भी लोगों की पड़ोसी पर नज़र क्यों लाल है

आपके परिवार की तहज़ीब का है आइना
आपका महफ़िल में जैसा भी चलन और चाल है

कुछ नया कहना नहीं बस याद ताज़ा कर रहा
त्याग का सिद्धान्त जिसने चुन लिया ख़ुशहाल है

✿

68.

लिया है दिल तो हिफ़ाज़त हुज़ूर आप करें
कि हमसे प्यार निहायत हुज़ूर आप करें

अगर कभी जो ख़ता हो कोई भी शाइर से
तो बेझिझक ही शिकायत हुज़ूर आप करें

निकट न आने का वादा हमें निभाना है
यक़ीन हम पे निहायत हुज़ूर आप करें

तमाम ग्रंथों के पन्ने पढ़े तो क्या होगा
पढ़ें नज़र ये इनायत हुज़ूर आप करें

बदन है फूल तो ख़ुश्बू चुराई है थोड़ी
कोई रिहाई की सूरत हुज़ूर आप करें

✿

69.

भटका न मुझे पल पल ऐसे
मन मुझसे मत कर छल ऐसे

माया के जाल में उलझा मत
मन कर न मुझे विह्वल ऐसे

स्थिरता धारण कर ऐ मन
मत रह तू चपल-चञ्चल ऐसे

मनमानी दुखद होती है मन
मत कर मेरा अनभल ऐसे

अवधान तू धर मन मोहन का
पा जा अमृत रस फल ऐसे

✿

70.

इंसान कंकरीट में जब से सिमट गया
संवेदना का दायरा बिल्कुल ही घट गया

जाए कहाँ परिंदा कोई प्यास जो लगे
शहरों का इंच-इंच तो पत्थर से पट गया

जलती हुई सड़क के किनारे उदास थे
पूछा तो बोल उट्ठे कि हर पेड़ कट गया

अब मीडिया ही घर हुए रिश्ते भी मीडिया
हर आदमी पड़ोस से बिल्कुल ही कट गया

जिसको विकास कहते हैं सब लोग आजकल
उस धन के दास से तो मेरा चित्त फट गया

✿

71.

या तो उनके पंकज नैना या ये दिल कोमल-पंकज
पंकज के सारे प्रश्नों का उत्तर है केवल पंकज

बिन देखे उसको ये जाने कैसे उसका बन बैठा
या तो कोई योगी है या फिर पूरा पागल पंकज

जाग रहा कितनी रातों से साध रहा आख़िर किसको
ख़ुद से रूठा जाने किसको पाने को विह्वल पंकज

सत्य कदाचित सम्मुख ही है दर्श मगर उपलब्ध नहीं
कैसे दर्शन कर पाएगा जब दर्पण-कश्मल पंकज

✿

72.

जफ़ा से तेज़ कोई दूसरा ख़ंजर नहीं होता
करो मत आज़माइश दिल की दिल पत्थर नहीं होता

वफ़ा से रोक राहें हमसफ़र अंतिम विदा मत ले
बुरा इससे ज़ियादा कोई भी मंज़र नहीं होता

बनावट हो भले पुख़्ता हो उम्दा रंग भी लेकिन
मुहब्बत की सजावट के बिना घर-घर नहीं होता

जगत कल्याण को विष कण्ठ में भरना भी पड़ता है
कपर्दी रूप धरने से कोई शंकर नहीं होता

करो मत ज़िद वहाँ बिल्कुल नहीं खिलना है ये 'पंकज'
जिन आँखों में अज़ीज़ो लाज का सागर नहीं होता

✿

73.

किस-किसके नाम गिनाऊँ मैं जो इस दिल मे भर पीर गए
जिस-जिसको हिफ़ाज़त सौंपी थी वो सारे ही दिल चीर गए

वो तन्हा छोड़ गए लेकिन मैं उनको दोष नहीं दूँगा
जो तोहफ़े में इन दो प्यासे नैनों को दे कर नीर गए

हर गीत ग़ज़ल अशआर सभी हैं जिन लोगों की सौग़ातें
आबाद रहें सब जो मुझ को दे कर ग़म की जागीर गए

सब ख़ाब कुचल डाले मेरे वो रौंद गए अरमानों को
प' मुआफ़ किया मैंने उनको वो कर के भले तफ़्सीर गए

पैदल गाड़ी चाहे जिस भी साधन से आप चलें लेकिन
अंतिम यात्रा में कंधों पर, सबके निर्जीव शरीर गए

✿

74.

तेरे हुस्न में इक ग़ज़ब ताज़गी है
भरूँ साँस में आस मन में जगी है

नये क़ाफ़िये पर नई बहर में तुम
कहो वो ग़ज़ल जिसमें पाकीज़गी है

तुम्हें चाँदनी से सजाया गया यूँ
अमावस को ईश्वर से नाराज़गी है

सिवा तेरे कोई भजन ही न भाये
यहाँ मन पे बस तेरी ही ख़्वाजगी है

मेरे हाथ गर थाम कर तुम चलो तो
ये दुनिया मेरी सल्तनत राजगी है

✿

75.

मेरी साँसे ये धड़कन चला दो प्रिये
ख़्वाब आँखों में मेरी जगा दो प्रिये

मैं भटकता रहा दर-ब-दर अब तलक
अपने दिल के जहाँ में बसा दो प्रिये

बस्ती-ए-दिल अँधेरों में डूबी है ये
रूप की चाँदनी से सजा दो प्रिये

मेरा आवारापन ख़त्म हो जाएगी
मुझमें दीवानापन तुम जगा दो प्रिये

मुस्कुराते हुए गीत गाऊँ सदा
प्यार मुझसे है मुझको बता दो प्रिये

✿

76.

जब खुला प्यार के कमरे का ज्यूँ रौज़न कोई
त्यों ही फिर दौड़ पड़ा याद का तौसन कोई

शे'र में ज़िक्र है कोचिंग व घने कुहरे का
चाहता हूँ किसी रिक्शे पे चले मन कोई

मैंने कुछ शे'र केमिस्ट्री के कहे है जिससे
मेरे महबूब के दिल में हो रिएक्शन कोई

किस तरह मैंने सजाया है मेरे दिलबर को
आके देखे मेरी ग़ज़लों का ये गुलशन कोई

शाइरी गीत सभी कुछ जो लिखा है मैंने
जान तेरा है असर मेरा नहीं फ़न कोई

✿

77.

है दूर मंज़िल तिमिर घनेरा अगर क़लम का सफ़र कठिन है
नहीं थकेंगे क़दम हमारे हमारा व्रत भी मगर कठिन है

चलो उठाओ तमाम बातें जवाब सारा क़लम ही देगी
चले भले ही क़दम अभी कम पता है हमको सफ़र कठिन है

मना ले जश्नाँ उड़ा मज़ाकाँ ज़माने दूँगा सलाम लाखों
सलाम वापस इधर ही होंगे हालाँकि तुमसे समर कठिन है

न पूछ काहे मैं अक्षरों की ये धार सब पर बिखेरूँ पल पल
है इक हिमालय यहाँ भी ग़म का सो आँसुओं की लहर कठिन है

दुआएँ उनको जो साथ हैं ये दुआ उन्हें भी जो घात पर हैं
मगर नहीं हूँ हताश किंचित प्रयास का हर असर कठिन है

यूँ ही सरोवर में खिल गया हो ये ऐसा 'पंकज' नहीं कदाचित
निगाह जिसमें नहीं हो पानी वहाँ पे इसका बसर कठिन है

✿

78.

मेरे वतन की फ़ज़ाओं में जो महब्बत है
उसे बचाऊँ मैं हर हाल मेरी चाहत है

हिमालया से अज़ीज़ो महान सागर तक
परम पिता ने लिखी हिन्द की ये आयत है

इसे मिटने की साज़िश तो की है बहुतों ने
मगर वो हारे विविधता में इसकी ताक़त है

अज़ान भी है भजन भी है चर्च की घण्टी
यही तो अपने वतन हिन्द की नज़ाफ़त है

सफ़ेद कुर्ता हरी धोती केसरी पगड़ी
ये चक्रधर तो अ-द्वितीय ख़ूबसूरत है

✿

79.

ईंटें पत्थर कंकड़ बजरी लेकर आऊँगा
सुन तेरे शीशे के घर पर सब बरसाऊँगा

फूँक के सारे वर्ग विभाजन वाले ये अध्याय
क्या है सनातन सबको ये एहसास कराऊँगा

जानूँ जग की रानी है मुद्रा-माया धारी
किन्तु मनुज से प्रीत ज़रूरी रोज़ सिखाऊँगा

मठ अधिपति को पूज रहे जबकि नहीं हो निर्बल
वायु-अनल से युक्त बली हो याद धराऊँगा

तीव्र प्रज्ज्वलित शब्द हैं मेरे ताप भयंकर है
किंतु स्वर्ण-मन-शोधन को मैं यूँ ही जलाऊँगा

✿

80.

तुम मेरे ख़ाबों के गुलशन में रहो हक़ है तुम्हें
मुझ से जब चाहो ख़यालों में मिलो हक़ है तुम्हें

तुम को तकने की ख़ता नींदें गँवाने की सज़ा
बदला आँखों से मेरी ऐसे ही लो हक़ है तुम्हें

नाम जपता है तुम्हारा ही हर इक पल मेरा दिल
मेरे सीने से लगो तुम भी सुनो हक़ है तुम्हें

कल्पना के व्योम में जितना मेरा विस्तार है
वह क्षितिज पूरा तुम्हारा तुम उड़ो हक़ है तुम्हें

शब्द सारे भाव हर लय ताल हैं तुम से मेरे
सो सदा 'पंकज'-ग़ज़ल में तुम सजो हक़ है तुम्हें

✿

81.

मुसीबत जुटातीं ग़लत फ़हमियाँ
सुकूँ यूँ चुरातीं ग़लत फ़हमियाँ

किसी रिश्ते के दरमियाँ आएँ तो
मुहब्बत जलातीं ग़लत फ़हमियाँ

जहाँ तक भी हो इससे बच के रहो
तबाही मचातीं ग़लत फ़हमियाँ

अगर गर्व हावी हुआ शक्ति पे
ग़लत पथ धरातीं ग़लत फ़हमियाँ

उन्हें सच से जिसने न पोषित किया
उन्हीं को चबातीं ग़लत फ़हमियाँ

✿

82.

अदा में शोख़ियाँ मस्ती गुलाबी रंग धरे
ये कौन आया है महफ़िल में चाँदनी पहने

ये हुस्न है या कोई दरिया ही चला आया
डुबोने दिल को यूँ गालों पे इक भँवर ले के

ठुमकने लगते हैं सपने सलोने सरगम पर
वो खिलखिला के हँसे तो लगे सितार बजे

नज़र उसी पे ही सबकी टिकी है महफ़िल में
ये बात और है उसकी निगाहें बस मुझ पे

ज़रा सा छूने पे जैसे सिमटती छूई मुई
नज़र पड़े तो वो ख़ुद को समेटती वैसे

✿

83.

मुझे ढ़ाल दे अपने ही ढंग से अब
शराबोर कर ख़ुद के ही रंग से अब

ज़रूरी है ख़ुश्बू फ़िज़ाओं में बिखरे
बदन की तुम्हारे मेरे अंग से अब

न मुझसे चला जा रहा होश में हूँ
तू मदहोश कर रूप की भंग से अब

है महफ़िल में भी मन हमारा अकेला
उमंगें दे अपने इसे संग से अब

न जाने है कैसी जो मिटती नहीं है
मनस सींच तू प्रीत की गंग से अब

✿

84.

धीरे-धीरे दूर दुनिया से हुआ है कौन आख़िर
हौले-हौले तेरी यादों में घुला है कौन आख़िर

आग के शोले उठे जब भी हुआ उत्पात तब तब
इक सिवा परमेश्वर के और जला है कौन आख़िर

ग्रन्थ लाखों और पढ़ने वाले अरबों लोग तो हैं
पर मुझे मिलता नहीं पढ़ कर जगा है कौन आख़िर

माँ पिता गुरु के चरण रज से रहा जो दूर है वो
पत्थरों के घर में प्रभु से मिल सका है कौन आख़िर

इक मधुर अहसास ख़ुशबू से भरी है साँस 'पंकज'
धड़कनों से रागिनी बन कर मिला है कौन आख़िर

✿

85.

जिसे भी दिल में बसाया वो दर्द भर के गया
कहूँ मैं कैसे नज़र से मेरी उतर के गया

टँगा हुआ किसी दीवार का हूँ आइना
निगाह जिसने मिलायी वही सँवर के गया

मेरी कथा भी किसी फल भरे शजर सी है
उसी ने चोट दी जो छाँव में ठहर के गया

यूँ जागता हूँ भला क्यों मैं इतनी रातों से
न पूछिएगा कभी कौन नींद हर के गया

ग़ुरूर क्यों न करे ख़ुद पे जबकि 'पंकज' से
मिला है जो भी तबीअत से वो निखर के गया

✿

86.

तेरी बातों का नशा आँखों के जादू की कथा
लिख रहा हूँ मैं प्रिये तेरे असर वाली कथा

प्रेम को शब्दों में ढालूँ ये बहुत ही है कठिन
फिर भी कोशिश में हूँ लिख दूँ मैं ये जीवन की कथा

खिलखिलाती तू मिले तो तृप्त होता मेरा मन
आज लिखनी है वही तृष्णा-हरणकारी कथा

छिप के मुझको देखना देखूँ तो शर्माना तेरा
लिख रही है लेखनी अब वो ही शर्मीली कथा

तेरे अधरों से तरंगें जन उठें बनती ग़ज़ल
मैंने लिक्खी है प्रिये वो ही सुरीली सी कथा

✿

87.

हुए अतिशान्त लब जिन पर हँसी करती थी क्रीड़ाएँ
सितारा ख़त्म कर बैठा समय से पूर्व लीलाएँ

अगन तो भूख की मारी लपट से चट करे सब कुछ
अकेला तन नहीं दहका जली होंगी तमन्नाएँ

मनुज-विषधर कई रहते सघन वन कंकरीटी में
मुसाफ़िर जो नए उनसे भला किस भाँति बच पाएँ

शराफ़त धारियों की अपनी कुछ मजबूरियाँ तो हैं
नहीं तो वह भला अन्याय पर ख़ामोश रह जाएँ

अगर साहित्य-नभ-विचरण अभीप्सा उसके मन में है
तो मक्खनबाज़ी वाली चाल 'पंकज' को भी सिखलाएँ

✿

88.

मन पर ग़म के बादल छाये, लगता है अब बारिश होगी
अच्छा है हो जाने भी दो पीर की यही जवारिश होगी

मीठा सा अहसास हवाओं संग उसने भी भेज दिया है
हिचकी से सन्देश मिला है उसकी कोई गुज़ारिश होगी

उससे कहिए हमसे मिलने इक दिन वो आ जाए तो हम
चैन से सो पाएँगे उसकी बड़ी नवाज़िश होगी॥

उसके दिल में मेरी ख़ातिर नफ़रत का कोई प्रश्न नहीं
कथ्य ग़लत है निश्चित ही ये, और किसी की साज़िश होगी

हम दोनों के बीच की दूरी धरती और आकाश सरीखी
नये सृजन के लिए नियति की शायद यही निगारिश होगी

✿

89.

प्रतिबंधित हो मेरे सपनों में तुम कभी भी आना मत
आ कर तुम मेरे ख़्वाबों को बिल्कुल भी महकाना मत

मेरे दिल की धड़कन चाहे चले नहीं लेकिन सुन लो
तुम यूँ छूकर मुझको भूले से भी कभी जगाना मत

आशिक़ हूँ लेकिन तुमसे मिलने की फ़रियाद करूँगा
ख़ुद में ऐसी कोई भी तुम आस तो कभी जगाना मत

तुमको मुझसे प्यार अचानक हो जाएगा निश्चित है
सो मेरी ग़ज़लों को भूले से होठों पर लाना मत

मेरा क्या है इक आवारा शाइर हूँ लेकिन कह दूँ
ख़ुद के मन से साँकल मेरी ख़ातिर कभी हटाना मत

✿

९०.

इस मन की कथा सुननी है क्या यदि हाँ तो इक रुमाल रखें
पानी से मोती बरसेंगे सो साथ में इक ग़िर्बाल रखें

मैं अक्षर–पथ का राही हूँ जो हासिल है दूँगा लेकिन
उत्तर ही साथ न ले जाएँ मस्तक में मेरे सवाल रखें

चाहे जो तौर-तरीक़ा हो पूजन या इबादत जो कहिए
पर जन्म हुआ जिस माटी में उसका तो ख़ास ख़याल रखें

सावन की प्यास बुझाने को सागर को तपना पड़ता है
सागर का धीरज सदियों तक यूँ ही रक्षित जगपाल रखें

सूरज बर्फ़ जमाने निकला मौसम भी अय्यार हुआ है
मानवता की आँच दिखाकर चिन्तन को यूँ सय्याल रखें

✿

९१.

इल्ज़ाम कोई सह लूँ कोई दण्ड सहूँगा?
सुकरात नहीं हूँ मैं जो विषपान करूँगा

नाराज़ जिसे होना है वो शौक से हो ले
जो सच है सनातन उसे दम-खम से लिखूँगा

हीरे के लिए सूर्य की किरणें हैं ज़रूरी
मैं कोल हूँ अंतस की अगन से ही जलूँगा

ज़ारी है शब्द साधना मुझ मुनि गृहस्थ की
खोजेंगे लोग और उनके दिल में मिलूँगा

शब्दों के दिये रच रहा 'मैं' जल गया जिस दिन
उस रोज़ इस जहान में उजियार भरूँगा

✿

९२.
अम्माँ

जीवन पथ पर धूप कड़ी तुम हो पीपल की छाया अम्माँ
इस मन्दिर सा पावन दूजा मन्दिर और न पाया अम्माँ

जब भी दुख का तूफ़ाँ उट्ठा मन पर गम के बादल छाए
इस चहरे पर दर्द तुम्हारे सिवा कौन पढ़ पाया अम्माँ

विह्वल व्याकुल दिल की धड़कन अमृत-रस पा जाती है
जब जब सर पर स्नेह से तुमने अपना हाथ फिराया अम्माँ

जब भी दर्द यहाँ उट्ठा है चोट कभी जब मुझको लगी तब
इन आँखों का दर्द नयन से तुमने भी तो बहाया अम्माँ

पंकज में जो भी जितना भी अच्छा है सब तुमसे है
इस माटी को अक्षर-साधक तुमने ही तो बनाया अम्माँ

✿

93.

सोचिए तो जनाब क्या होगी
ख़ूब, दिल से किताब क्या होगी

इश्क़ से जिसका वास्ता ही नहीं
नींद उसकी ख़राब क्या होगी

क्रोध के घूँट का नशा है अलग
इससे अच्छी शराब क्या होगी

ख़ुद खुली इक किताब है जो नफ़र
ज़िल्द उस पर जनाब क्या होगी

चल रही जिस्म की नुमाइश तो
रूह फिर आफ़ताब क्या होगी

✿

९४.

माटी माटी जोड़ रही पर जीवन बहता पानी है
स्वार्थ लिप्त हर मनुज हुआ कलयुग की यही कहानी है

मन की आग बुझे बारिश से, सम्भव भला कहाँ होगा
तुम दलदल की तली ढूँढ़ते ये कैसी नादानी है

भौतिकता तो महाकूप है मत उतरो गहराई में
दर्पण कीचड़ युक्त रहा तो मुक्ति नहीं मिल पानी है

बीत गया सो बीत गया क्षण, बीता अपना कहाँ रहा
हर पल दान लिए जाता है समय शुद्ध यजमानी है

स्वर्ण महल अवशेष न दिखता हस्तिनापुर बस कथा रहा।
बाबर वंश भिखारी है अब सबकी यही कहानी है

स्वर्णजड़ित सिंहासन बैठो या झिलगंहिया खटिया पर।
भाई साहब सबकी अर्थी बस कंधों पर जानी है

✿

95.

इक ताबूत मंगाया जाए
हसरत को दफ़नाया जाए

पतझर से पहले पतझर को
उपवन में बुलवाया जाए

ऐसा कर अब चल रे पंकज
मन का ताप बढ़ाया जाए

परिवर्तन का दौर चला है
रिश्तों को ठुकराया जाए

मोती रोको, गर्द जमेगी
पत्तों को समझाया जाए

बहुत हुआ अब शोर शराबा
धड़कन को समझाया जाए

✿

९६.

वैविध्य से परिपूर्ण है गणतंत्र हमारा
हम सब से ही सम्पूर्ण है गणतन्त्र हमारा

समता के अनुच्छेद के पालन के बिना तो
हर हाल में अपूर्ण है गणतन्त्र हमारा

अभिव्यक्ति का अधिकार सभी को मिला है
पर पहले महत्वपूर्ण है गणतन्त्र हमारा

पंथों का है संगम ये धरा अद्वितीय अद्भुत
समरसता से अभिपूर्ण है गणतन्त्र हमारा

संसार के क्षितिज पे दमकता नक्षत्र है
आदित्य सा प्रतूर्ण है गणतन्त्र हमारा

✿

97.

वो आएँ मैं चहक न जाऊँ, ऐसा तो नामुमकिन है
उन्हें देख कर चमक न जाऊँ, ऐसा तो नामुमकिन है

तन पाटल चन्दन मन सुरभित वाणी ज्यों कचनार झरे
उनसे मिल कर महक न जाऊँ, ऐसा तो नामुमकिन है

गेंहुवन रंग लटें नागिन सी हृदय पे सीधे वार करें
फिर भी उनके निकट न जाऊँ, ऐसा तो नामुमकिन है

सुर सरिता अधरों से बहती, इधर राग स्नेहिल पंछी
कोकिल स्वर संग कुहक न जाऊँ, ऐसा तो नामुमकिन है

भाव भंगिमाओं का उत्तर, और किसी के पास नहीं
रूप अग्नि संग दहक न जाऊँ, ऐसा तो नामुमकिन है

✿

98.

कब रात हुई कब सुब्ह हुई, इस पत्थर ने कब है जानी
जब ताप चढ़ा ग़म का बेहद, तब धड़कन ने की मनमानी

चिंगारी पैदा होनी है, इस पत्थर से मत टकराओ
शोला-ए-इश्क़ ही भड़केगा, गर तूने बात नहीं मानी

वो सभी कथानक कल्पित हैं, जिनमें प्रियतम से मिलन हुआ
इस देवदास की प्यास अमिट, जो साथ घाट तक है जानी

ले जाना है तो ले जाओ, ये कुंडल क़लम ओ ग़ज़ल कवच
इतिहास भला कैसे बदले, हर युग में कर्ण परम् दानी

इस दर पर लक्ष्मण का स्वागत, लेकिन वो चरण शरण आये
हे राम अवध में कहीं नहीं, पंडित रावण जैसा ज्ञानी

नज़रें नीची रख कर मिलना, इस ओर उठाना प्रतिबंधित
ये मान सरोवर का 'पंकज', आँखों में ढूँढ़े है पानी

✿

११.

भुला दूँ अपनी आदत है? नहीं तो
यहाँ मन ख़ुश निहायत है? नहीं तो

सुकूँ है चीज़ क्या एहसास तो दे
सिवा तेरे भी आयत है? नहीं तो

नज़र में है नमीं सब स्वप्न भींगे
किसी से कुछ शिकायत है? नहीं तो

महज़ है नाम का भ्रम औ नहीं कुछ
तिलक टोपी इबादत है? नहीं तो

मिलो तो मन से वर्ना तुम न मिलना
छिपाने की इजाज़त है? नहीं तो

✿

100

उन पे गद्दी का नशा छाया बता दे 'पंकज'
होश में ला उन्हें तू तख़्त हिला दे 'पंकज'

सल्तनत सौंपने वाला ही इसे छीनेगा
बात सम्राट को ये कड़वी सुना दे 'पंकज'

आम जन कष्ट से बेहाल हैं महँगाई में
अब महाराज को ये सत्य दिखा दे 'पंकज'

पंथ मज़हब की चरस बोई गई गुलशन में
ज्ञान का घोल छिड़क देश जगा दे 'पंकज'

इससे पहले कि बग़ावत पे उतर आयें सब
जा के तू ज़िल्ल-ए-इलाही को जगा दे 'पंकज'

✿